Tom Thaler, Harald Schäfer, Sabrina Brück

# BPM Technologie Radar 2011

GRIN Verlag

**Bibliografische Information der Deutschen Nationalbibliothek:**

Die Deutsche Bibliothek verzeichnet diese Publikation in der Deutschen National-
bibliografie; detaillierte bibliografische Daten sind im Internet über http://dnb.d-
nb.de/ abrufbar.

**Impressum:**

Copyright © 2011 GRIN Verlag GmbH
Druck und Bindung: Books on Demand GmbH, Norderstedt Germany
ISBN: 978-3-640-97598-3

**Dieses Buch bei GRIN:**

http://www.grin.com/de/e-book/176335/bpm-technologie-radar-2011

**GRIN - Your knowledge has value**

Der GRIN Verlag publiziert seit 1998 wissenschaftliche Arbeiten von Studenten, Hochschullehrern und anderen Akademikern als eBook und gedrucktes Buch. Die Verlagswebsite www.grin.com ist die ideale Plattform zur Veröffentlichung von Hausarbeiten, Abschlussarbeiten, wissenschaftlichen Aufsätzen, Dissertationen und Fachbüchern.

**Besuchen Sie uns im Internet:**

http://www.grin.com/

http://www.facebook.com/grincom

http://www.twitter.com/grin_com

IWi – Institut für Wirtschaftsinformatik

# BPM Technologie Radar 2011

Business Engineering Labor 2

B.Sc. Tom Thaler, B.Sc. Harald Schäfer, B.Sc. Sabrina Brück

# Inhaltsverzeichnis

# Abkürzungsverzeichnis

| | |
|---|---|
| BMM | Business Motivation Model |
| BPM | Business Process Management |
| BPMM | Business Process Maturity Model |
| BPMN | Business Process Modeling Notation |
| BRG | Business Rules Group |
| CEC | Cross Enterprise Collaboration |
| CEP | Complex Event Processing |
| EDBPM | Event Driven Business Process Management |
| EFQM | European Foundation for Quality Management |
| ESB | Enterprise Service Bus |
| HIMS | Human Interaction Management System |
| HPT | Human Performance Technology |
| IDS Scheer | Integrierte Datenverarbeitungs Software Scheer |
| IEEE-ICMIT | IEEE International Conference on Management of Innovation & Technology |
| IT | Information Technology |
| OMG | Object Management Group |
| WS-CDL | Web Service Choreography Description Laguage |
| XaaS | Everything as a Service (auch EaaS) |

# Abbildungsverzeichnis

# Tabellenverzeichnis

# 1 Einleitung und Motivation

Der Themenbereich des Geschäftsprozessmanagements ist gekennzeichnet durch eine kontinuierliche Erweiterung der Terminologie. In sehr kurzen Abständen entstehen neue Begriffe und Themenfacetten, was es sehr schwierig macht, den Überblick über die Vielfalt dieser Aspekte zu erhalten und der raschen Entwicklung zu folgen.

Bereits im vorherigen Forschungsprojekt „Business Engineering Labor 1" wurde deshalb ein erstes „Business Process Management"(BPM)-Technologie-Radar (2010) aufgespannt, um einerseits einen Überblick zu schaffen und andererseits die Marktreife und Relevanz, der betrachteten Technologien, beurteilen zu können.

Eines der zentralen Ergebnisse dieses Radars war die Tatsache, dass diejenigen Technologien mit sehr hoher Relevanz eher in der Radar-Mitte zu finden waren, also auch in der Praxis und auf dem BPM-Markt bereits aktiv waren, wohingegen diejenigen Technologien mit niedrigerer Relevanz eher am äußeren Radarrand angeordnet wurden.

Eine interessante Aufgabe der vorliegenden Arbeit ist nun die Belegung oder Widerlegung der Übertragbarkeit dieses und anderer Ergebnisse auf weitere Technologien. Weiterhin wird ein Differenzradar erstellt, welches die Unterschiede zwischen dem aktuellen und dem vorherigen Radar demonstrieren soll. Dies soll sowohl den raschen Wandel als auch den Grad der Weiterentwicklung veranschaulichen.

# 2 Herangehensweise

## 2.1 Anforderungen

Entsprechend des BPM-Technologie-Radars 2010 sollen die Anforderungen des aktuellen Radars definiert werden.

Demnach soll einerseits der zeitliche Verlauf der Technologien und Begrifflichkeiten dargestellt werden, um den Status der Themenfacetten erkennbar zu machen, andererseits soll die Relevanz der einzelnen Technologien nach quantitativen Kenngrößen ermittelt und abgebildet werden.

Eine wesentlich Erweiterung bzw. der Mehrwert der vorliegenden Arbeit soll dadurch sichergestellt werden, dass ausschließlich Technologien untersucht werden, welche im vorherigen Radar nicht betrachtet wurden.

Als Ergebnis soll wiederum eine praktikable Übersicht entstehen, anhand derer die verschiedenen Aspekte (Relevanz und Reife), auf einfache Weise, den einzelnen Begrifflichkeiten und Themenfacetten zuzuordnen sind. Weiterhin soll der Fortschritt von Forschung und Praxis durch ein Differenz-Radar demonstriert werden. Ferner soll ein aggregiertes Technologie-Radar erstellt werden.

Da sich die Kategorisierung des Radars in „Fachliche Anforderungen", „Modellierung" und „Technische Anforderungen" bereits im letzten Radar bewährt hat und auch aus Gründen der Vergleichbarkeit der Ergebnisse sinnvoll ist, soll diese in das aktuelle Radar übernommen werden.

## 2.2 Identifikation relevanter Technologien

Wie auch bereits bei der Erstellung des BPM-Technologie-Radars 2010, wird im Rahmen der Technologie-Identifikation auf Internetrecherchen zurückgegriffen, da die Durchführung von alternativen Herangehensweisen, wie beispielsweise Experteninterviews, im zeitlichen Rahmen des Forschungsprojektes nicht zu leisten sind. Das Internet gewährleistet jedoch eine umfangreiche Datenbasis, wodurch es als geeignetes Werkzeug herangezogen werden kann.

Während zur Identifikation der Technologien bisher im Wesentlichen auf die Betrachtung von Konferenzen („International Conference on Business Process Management") gesetzt wurde, sollen nun auch weitere, vor allem praxisgetriebene Quellen, herangezogen werden. Konkret bedeutet das die Überprüfung folgender Online-Publikationen:

- *BPTrends.com:* Ein News-Portal zu aktuellen BPM-Entwicklung aus Praxis und Forschung.

- *BPM-Netzwerk.de:* Ein soziales Netzwerk mit Fokus auf das Geschäftsprozessmanagement. Eine Beschränkung liegt hierbei auf dem deutschsprachigen Raum.

- *Wirtschaftsinformatik.de:* Webseite und Online-Publikation der Zeitschrift Wirtschaftsinformatik. Das Geschäftsprozessmanagement ist hier eines der Hauptthemengebiete.

Weiterhin werden zur Technologie-Identifikation die aktuelle „International Conference on Business Process Management 2011" sowie der „International Workshop on BPMN 2010" herangezogen.

## 2.3 Relevanzbestimmung

Nach der Identifikation der Technologien wird zur Bestimmung der Relevanzen auf das bewährte Vorgehen des letzten Radars zurückgegriffen, wobei diverse Online-Literaturdatenbanken und Suchmaschinen die Grundlagen bildeten.

Die Auswahl dieser Literaturdatenbanken erfolgte anhand mehrerer Kriterien: Es wurden zunächst Datenbanken selektiert, welche einen aussagekräftigen Umfang im Bereich der Wirtschaftsinformatik aufweisen. Die beinhalteten Publikationsarten sollten sich von Zeitschriftenartikel, Konferenzbeiträge, Dissertationen und Pressemitteilungen über Forschungsberichte, bis hin zu Tagungsbänden und Hochschulschriften erstrecken, um ein möglichst breites Spektrum der verfügbaren Literatur abzudecken.

Konkret werden demnach folgende Literaturdatenbanken zur Relevanzbestimmung herangezogen:

- Ebsco: http://search.ebscohost.com

- ISI – Web of Knowledge: http://www.isiknowledge.com

- Google Scholar: http://scholar.google.de

- Springerlink: http://www.springerlink.com

Anzumerken sei an dieser Stelle, dass für Ebsco, ISI und Springerlink ein kostenpflichtiger Zugang erforderlich ist.

Um auch der Praxis eine gewisse Signifikanz zukommen zu lassen wird weiterhin die Suchmaschine Google genutzt, da diese, im Bereich der nicht offiziell publizierten Inhalte, interessante Ergebnisse liefert.

Um nun anhand der Suchtreffer die Relevanzen bestimmen zu können wurden Schwellenwerte identifiziert, woraus folgendes Verfahren für die Ermittlung der konkreten Relevanzen resultierte:

- *Middle*: Literatur gesamt < 100 und Google < 50.000
- *High*: Literatur gesamt ≥ 100 oder Google ≥ 50.000
- *Very high*: Literatur gesamt ≥ 1.000 oder Google ≥ 1.000.000

Dieses Verfahren stellt eine Erweiterung zum bisherigen Vorgehen dar.

## 2.4 Suchdesign

Es stellt sich nun die Frage des Suchdesigns, wobei diverse Vorüberlegungen zu betrachten sind.

Zunächst besteht das Problem der Homonyme (z.B. BPM = „Business Process Management" und BPM = „Bits per Minute", hier nochmals eine Unterscheidung im Medizin- und Audiokontext) und Synonyme (z.B. „Social BPM" und „Collaborative BPM)". Der Problematik der Homonyme soll hierbei mit Hilfe von logischen Operatoren entgegengewirkt werden, welche einen Zusammenhang mit verwandten Begriffen im Kontext verlangen. Synonyme werden in dem hier verwendeten Suchdesign einzeln untersucht und im resultierenden Technologie-Radar mehrfach abgebildet. Gleiches gilt für gängige Begriffe in unterschiedlichen Sprachen (z.B. „Service-orientierte Architekturen" und „service-oriented architectures"), wobei in diesen Fällen entsprechende Verweise angebracht werden.

Um weiterhin Fehler in der Auswertung zu vermeiden werden Begrifflichkeiten, welche aus mehreren Wörtern bestehen (z.B. „BPM in the large"), stets mit entsprechenden logischen Operatoren wie „AND" bzw. in Anführungszeichen in den Suchprozess überführt.

## 2.5 Auswertung der Ergebnisse

Die Ergebnisse, welche aus dem erläuterten Vorgehen resultieren, werden auf unterschiedliche Arten ausgewertet und, wie bereits im Kapitel 2.1 angesprochen, in mehreren Dimensionen im anschließenden Technologie-Radar abgebildet.

Der geforderte „zeitliche Verlauf" wird über eine Dimension mit den Ausprägungen „Basic Research", „Applied Research", „Product Concept", „Market

Ready" und „Market Presence" realisiert, wie es bei der „IEEE – International Conference on Management of Innovation & Technology" (IEEE-ICMIT) Konferenz in Singapur 2006 vorgestellt wurde. Weiterhin wird das Radar in verschiedene Bereiche aufgeteilt, um eine Zuordnung zu den Themen von Geschäftsprozessmanagement-Werkzeugen zu verdeutlichen. Die Ergebnisse der zuvor durchgeführten quantitativen Relevanzbestimmung werden in Form von verschiedenen Symbolen im Radar abgebildet. So steht ein Viereck für eine sehr hohe Relevanz, ein Kreis für hohe Relevanz und ein Dreieck für mittelmäßige Relevanz. Diese Relevanz wird dabei anhand der Anzahl der Suchtreffer ermittelt.

Die Zuordnung zu den einzelnen Kategorien „Business", „Process Modeling", „Information Technology" kann sich als relativ schwierig erweisen, da durchaus ein Bezug zu mehreren Kategorien bestehen kann. Sollten die Kategorien in einem solchen Fall benachbart angeordnet sein, wird der entsprechende Begriff auf der Trennlinie angeordnet, sollten die Kategorien hingegen gegenüberliegen, wird der Begriff in die Kategorie eingeordnet, in welcher der Begriff eine größere Bedeutung erfährt.

Ebenfalls kann der Fall eintreten, dass ein Aspekt in allen Kategorien Bedeutung findet. Hier wird von den Autoren ebenfalls diejenige Kategorie ausgewählt, welche am ehesten mit dem Begriff assoziiert werden kann.

Wie der Ausführung der Problematik zu entnehmen ist, ist es in diesem Fall nicht möglich eine absolut korrekte Zuordnung zu generieren. Jedoch kann anhand der entsprechenden Erläuterungen in Kapitel 3 jeweils die Bedeutung des Begriffs erlesen werden. Die Zuordnung soll aus diesem Grund als Vorschlag verstanden werden.

Außerdem gibt es noch eine Rubrik „Buzzwords". Diese Wörter wurden in wissenschaftlichen Artikeln entweder nur am Rande erwähnt oder sind in Suchvorgängen als einzelne Wörter aufgetreten, ohne genauere Erklärung. „Buzzwords" sind im Allgemeinen noch sehr neu, weshalb sie in der Literatur eher selten anzutreffen sind.

Anlehnend an bereits publizierte Radare ist der Aufbau des hier zu erstellenden Technologie-Radars exemplarisch in der nachfolgenden Abbildung illustriert.

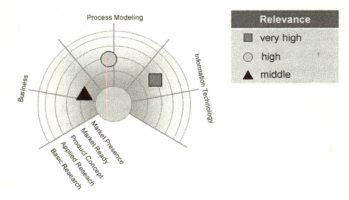

*Abb. 1: Technology Radar Screen[1]*

[1] In Anlehnung an: Rohrbeck, R., Heuer, J., Arnold, H.: The Technology Radar – An Instrument of Technology Intelligence and Innovation Strategy, Präsentationsfolie 5, IEEE-ICMIT Conference, Singapore (21.-23. Juni 2006)

# 3 Technologien

## 3.1 Fachliche Anforderungen

### 3.1.1 "European Foundation for Quality Management" (EFQM)

Beim EFQM-Modell handelt es sich um ein Qualitätsmanagement-System und basiert auf den drei fundamentalen Säulen des „Total-Quality-Management" (TQM), wobei eine gleichzeitige und ganzheitliche Betrachtung von Menschen, Prozessen und Ergebnissen (Organisation) erfolgen soll. Der Fokus liegt demnach auf der Integration der Mitarbeiter in die Prozesse, mit der Optimierung der Ergebniserzielung von Unternehmen.[2]

Entwickelt wurde das System bereits 1988 von der „European Foundation for Quality Management" (EFQM).[3]

### 3.1.2 „Human Performance Technology" (HPT)

„Human Performance" ist das bewertbare Ergebnis der Arbeitsleistung von Mitarbeitern innerhalb eines Systems. Demnach beschäftigt sich „Human Performance Technology" oder „Human Performance Improvement" mit den Prinzipien und Anwendungen, welche mit allen Faktoren zusammenhängen, die diese Ergebnisse beeinflussen.[4]

Konkret handelt es sich also um einen systematischen Ansatz zur Performanceoptimierung und weist einen starken Bezug zur Prozessoptimierung auf.[5]

*Synonym:* „Human Performance Improvement", „Performance Improvement"

### 3.1.3 „Human Capital Management Planning"

Beim „Human Capital Management Planning" handelt es sich um einen strategischen Managementansatz, der sich mit der Planung des Humankapitals im Unternehmen beschäftigt. Dieser Ansatz beinhaltet:[6]

---

[2] Hohmann, K.: Unternehmens Excellence Modelle – Das EFQM-Modell, Diplomica Verlag Hamburg, 2009, S. 20
[3] Wikipedia: EFQM-Modell: http://de.wikipedia.org/wiki/EFQM-Modell, Abrufdatum: 15.03.2011
[4] Tosti, D.: Human Performance Technology, BPTrends – February 2006, http://www.bptrends.com/publicationfiles/02-06%20wp%20hpt%20-%20tosti.pdf, Abrufdatum: 15.03.2011
[5] Wikipedia: Human Performance Technology, http://en.wikipedia.org/wiki/Human_performance_technology, Abrufdatum: 15.03.2011

- Systematische Prozesse, welche integriert, methodisch und fortlaufend sind.

- Entscheidungen, über die Anzahl und die Fähigkeiten von benötigten Mitarbeitern sowie Informationen über den zeitlichen und örtlichen Bedarf.

- Die Identifikation von Maßnahmen, die notwendig sind um die benötigten Mitarbeiter zu akquirieren und zu halten

- Kollaborationen

- Ausbildung der Belegschaft im Hinblick auf Kundenanforderungen

### 3.1.4 „BPM Governance"

Eine erfolgreiche Prozess-Orientierung gemäß BPM erfordert heutzutage eine stärker horizontal geprägte Sichtweise. Mit ihr sollen die Kooperation und die Kommunikation der verschiedenen Projektteilnehmer verbessert werden. Diese Anforderungen werden durch „BPM Governance" abgedeckt.[7]

„BPM Governance" beschreibt ein Rahmenwerk, welches für ein bestimmtes Gebiet, zum Beispiel dem Unternehmen selbst oder nur eines seiner Teilaspekte, wie der IT, gilt. Sie legt Regeln fest, definiert Organisationsstrukturen, Rollen und Verantwortungen und beschreibt Prozesse, Vorgangsweisen und Methoden. Die wesentliche Zielsetzung der „Governance" ist es, Regeln anhand von Geschäftszielen zu definieren und Maßnahmen der Steuerung und Kontrolle zu etablieren.[8]

### 3.1.5 „Task Analysis"

Die „Task Analysis" ist eine Methode zur Messung und Verbesserung der Prozess-„Usability" (dt. Nutzerfreundlichkeit). Dabei werden typische Aufgaben (engl.: „Tasks") mit ihren Prioritäten und den notwendigen Qualifikationen der

---

[6] Behara, G.K.: Human Capital Management Planning, BPTrends November 2005, http://www.bptrends.com/publicationfiles/11-05%20WP%20Human%20Capital%20Mang%20Planning%20-%20Behara.pdf, Abrufdatum: 15.03.2011

[7] http://soa-know-how.de/index.php?id=2&tx_bccatsandauthors[catid]=230, Abrufdatum: 16.03.2011

[8] http://soa-know-how.de/index.php?id=2&tx_bccatsandauthors[catid]=230, Abrufdatum: 16.03.2011

Anwender analysiert und die Zielgruppen, mit deren Charakteristiken identifiziert.[9] Die Ergebnisse dieser Analyse stellen die Grundlage für einen nutzerzentrierten Entwicklungsprozess dar, woraus später hin Modelle erstellt und optimiert werden.

### 3.1.6 „Lean Management"

Beim „Lean Management" handelt es sich um ein Managementkonzept, bzw. eine Unternehmensstrategie, welche durch Kostensenkung, Kundenorientierung und hohe Qualitätsstandards versucht, die Wettbewerbsfähigkeit zu steigern. Das „schlanke Management" steht dabei im Wesentlichen für flache Hierarchien, wobei die verbleibenden Führungsebenen neu geordnet werden, was zu neuen Verantwortungs- und Entscheidungsspielräumen führt. Die Zielsetzung liegt im Abbau überflüssiger Bürokratie, Erhöhung der Flexibilität und größerer Eigenverantwortlichkeit der Mitarbeiter. [10]

### 3.1.7 „Human Interaction Management System" (HIMS)

Beim „Human Interaction Management System" handelt es sich um ein System, dass auf der Theorie des „Human Interaction Managements" aufbaut und diese in einem Anwendungssystem vereint.[11]

Dabei fällt die hauptsächliche Betrachtung der Geschäftsprozesse auf die, die durch den Menschen gesteuert bzw. ausgeführt werden.[12]

### 3.1.8 „Process Execution Conformance"

„Process Execution Conformance" beschäftigt sich mit dem Auffinden von Übereinstimmungen während der Durchführung eines Prozesses. Mit diesen

---

[9] Onlinemarketing-Praxis: Aufgabenanalyse (Task Analysis): http://www.onlinemarketing-praxis.de/glossar/aufgabenanalyse-task-analysis/, Abrufdatum: 17.03.2011
[10] Bundeszentrale für politische Bildung: Das Lexikon der Wirtschafts, Mannheim 2004, S. 287f
[11] Vgl.: https://www.socialtext.net/wikinomics/human_interaction_management_system_hims Abruf: 16.03.2011.
[12] Vgl.: Yong Han et al. - Human Interaction Management – Adding Human Factors into Business Process Management. Helsinky University of Technology Department of Computer Science and Engineering, Laboratory of Software Business and Engineering. http://citeseerx.ist.psu.edu/viewdoc/download?doi=10.1.1.120.7991&rep=rep1&type=pdf Abruf: 16.03.2011.

Daten können dann Redundanzen erkannt und behoben werden. Außerdem können dann ähnliche Prozesse gruppiert und geordnet werden.

### 3.1.9 „Choreography Modeling Conformance"

Wenn eine Software „Choreography Modeling Conformance" bietet, muss sie mindestens die „Business Process Modelling Notation" (BPMN) Kernelemente unterstützen, zu denen auch Infrastruktur-, Grundlagen-, Common- und Service Pakete gehören. [13]

BPMN 2.0 verfolgt einen Multi-Perspektiven-Ansatz. Beispielsweise wird die Struktur, die in einem „Conversation Diagram" definiert wird, in entsprechenden „Choreographies" oder „Collaboration Diagrams" verfeinert. Die Modelle stehen nun also noch stärker in Beziehung zueinander. Diese „Choreographies" sowie die „Collaboration Diagrams" müssen auch unterstützt werden. [14]

### 3.1.10 „Cross Enterprise Collaboration" (CEC)

Unter der „Cross Enterprise Collaboration" versteht man die Verbindung zwischen mehreren Unternehmen über die Unternehmensgrenzen hinweg zusammenzuarbeiten um gemeinsam an Wachstum zuzulegen und somit große Projekte schneller und effizienter zum Abschluss zu bringen. [15]

### 3.1.11 „Business Process Transformation"

Nach Integrierte Datenverarbeitungs Systeme Scheer (IDS Scheer) [16] handelt es sich bei der „Business Process Transformation" um einen Ansatz für die Prozessanalyse und -optimierung. In diesem Ansatz werden die Optimierungsmaßnahmen an Zielen, wie Kosten, Zeiten oder Qualität ausgerichtet, wobei die „Business Process Transformation" die Basis für das Management von „Business Rules", für die Kostenrechnung, Kapazitätsanalsen, Integration- oder Outsourcing-Entscheidungen sowie für das Qualitätsmanagement und vieles mehr darstellt.

---

[13] Business Process Model and Notation (BPMN), OMG Dokument, Juni 2010, Seite 10
[14] http://blog.bpmn.info/category/bpmn20/?lang_pref=de, Zugriff am 20.03.2011
[15] Vgl: http://www.bpm2010.org/conference-program/workshops/cecpaw10/ Zugriff 23.03.2011.
[16] ARIS Solution Szenarien – Business Process Transformation, http://www.ids-scheer.com/de/ARIS/ARIS_Solutions/Enterprise_BPM/100062.html, Abrufdatum: 26.03.2011

## 3.2 Modellierung

### 3.2.1 „Process patterns"

„Process patterns" oder auch „Workflow Patterns" beschreiben Situationen (Muster) in Geschäftsprozessen, welche sich häufig wiederholen. Diese Muster können nach van der Aalst et. al. in mehrere Kategorien unterteilt werden.[17]

- „Basic Control Flow Patterns"
- „Advanced Branching and Synchronization Patterns"
- „Structural Patterns"
- „Patterns involving Multiple Instances"
- „State-based Patterns"
- „Cancellation Patterns"

In der aktuellen Forschung und Entwicklung geht es primär darum, wie diese Prozessmuster erkannt werden können, und wie eine Realisierung in konkreten Modellierungswerkzeugen denkbar ist.

*Synonym:* „Workflow Patterns"

### 3.2.2 „Service Interaction Patterns"

In der Wiederverwendung von Anforderungen, Design und Wissen in der Programmierung haben sich Muster als sehr hilfreich erwiesen. Sie wurden ursprünglich in der Phase des Software Entwurfs verwendet, spielen aber seit einiger Zeit auch im BPM eine Rolle.[18]

„Service Interaction Patterns" wenden Kopien der Muster und Idiome auf Interaktionsverfahren und Orchestrierungsprozesse an um den Ablauf der Prozesse innerhalb eines Unternehmens zu beschleunigen und zu vereinfachen. [19]

---

[17] van der Aalst, W.M.P., ter Hofstede, A.H.M, Kiepuszewski, B., Barros, A.P.: Workflow Patterns, http://www.workflowpatterns.com/documentation/documents/wfs-pat-2002.pdf, Abrufdatum: 15.03.2011
[18] ttp://www.workflowpatterns.com/documentation/documents/serviceinteraction_BPM05.pdf, Abruf am 17.03.2011
[19] http://vsis-www.informatik.uni-hamburg.de/getDoc.php/publications/215/f218-zirpins.pdf Abruf am 17.03.2011

### 3.2.3 „Process Modeling Conformance"

„Process Modeling Conformance" wird anhand verschiedener Klassen von Prozessdiagrammen in beschreibend, analytisch und allgemein ausführbar unterteilt.[20] Es stellt Erfahrungen zusammen, die in den Analysen und Modellierung von Anwendungsfällen in unterschiedlichen Unternehmen gemacht wurden, um daraus Vorgehensweisen für den weiteren Verlauf zu entwickeln.[21]

### 3.2.4 Agiles Prozessmanagement

Während die meisten Prozessmodelle starr ablaufen und kaum Änderungen im laufenden Betrieb zulassen, versucht man mit dem Ansatz des agilen Prozessmanagements diese Starre zu lösen. Dabei werden nicht mehr die Ziele in den Mittelpunkt gestellt, sondern die Abläufe des Prozesses. Dadurch können für jede Prozessinstanz individuelle und situationsangepasste Abläufe erstellt werden, die darüber hinaus voll automatisch in das „Information Technology" (IT)-System übernommen werden.[22]

Beim Agilen Prozessmanagement kommt darüber hinaus der Scrum-Ansatz aus der Softwareentwicklung zum Tragen. Hierbei werden Maxime für agiles Handeln deklariert:

- Eher offen für Veränderung als starres Festhalten an Plänen
- Eher Menschen und Kommunikation als Prozesse und Tools
- Eher 'darüber miteinander reden' als 'gegeneinander schreiben'
- Eher Vertrauen als Kontrolle
- Eher Best Practices aus Erfahrung als verordnete Vorgaben
- Eher Angemessenheit als Extremismus"[23]

Diese Maxime gewährleisten, dass das Prozessmodell flexibel aber angemessen bleibt und situationsgerecht die Abläufe darstellt.

---

[20] http://bpt.hpi.uni-potsdam.de/BPMN2010/Program, Zugriff am 17.03.2011
[21] http://www.saperionblog.com/lang/de/bpmn-2-0-hat-die-konformitatsklassen-nochmals-geandert/2091/, Zugriff am 17.03.2011
[22] Vgl. http://www.hs-ulm.de/Institut/IBL/Forschung/Projektideen/AgilesProzessmanagement/ Zugriff 23.03.2011.
[23] Siehe: http://agilesprozessmanagement.wordpress.com/category/grundlagen/ Zugriff 23.03.2011.

## 3.3 Technische Anforderungen

### 3.3.1 „Business Integration"

„Business Integration" beschreibt den Prozess der Kombination verschiedener Geschäfts- und Managementsysteme, sodass diese miteinander interagieren und somit die Strategien von Unternehmen technisch besser unterstützt werden können. Das Ziel der „Business Integration" liegt in der Effizienzsteigerung und der Verbesserung der Kosten-Effektivität von Geschäftsprozessen.[24]

### 3.3.2 „Web Service Choreography Description Language" (WS-CDL)

Bei der „Web Service Choreography Description Language" handelt es sich um eine XML-basierte Sprache, welche auf einer externen Sicht das Verhalten von Web-Services in einer Choreographie (Web Service Sequenz) beschreibt. WS-CDL unterstützt dabei Regeln für Ablaufsequenzen, Korrelationen, Ausnahmebehandlungen und Transaktionen und basiert auf der algebraischen Sprache pi-Kalkül aus der Familie der Prozess Kalküle.[25]

### 3.3.3 „Event-Driven Business Process Management" (EDBPM)

„Event-Driven BPM" ist eine Kombination aus den Begriffen „Complex Event Processing" und „Business Process Management", wobei neben dem BPM System ein „Complex Event Processing" (CEP) -System läuft. Diese stoßen gegenseitig Prozesse über sogenannte Events an und können dadurch mehrere Prozesse oder Services ausführen.[26]

*Synonym:* „Complex Event Processing"

---

[24] iCore Solutions: Integration and e-business dictionary – Business Integration:
http://www.icoresolutions.com/soa-and-b2b-integration/business-benefits/integration-and-e-business-dictionary.aspx, Abrufdatum: 15.03.2011
[25] Setzer, T., Bichler, M.: Choreographie von Web-Services, In: Enzyklopadie der Wirtschaftsinformatik – Online-Lexikon, Oldenbourg Wissenschaftsverlag,
http://www.oldenbourg.de:8080/wi-enzyklopaedie/lexikon/is-management/Systementwicklung/Softwarearchitektur/Middleware/Web-Service-Technologien/Choreographie-von-Web-Services, Abrufdatum: 15.03.2011
[26] Vgl.: Rainer von Ammon et al. – Event-Driven Business Process Management and its Pratical Application Taking the Example of DHL.
http://citeseerx.ist.psu.edu/viewdoc/download?doi=10.1.1.142.7903&rep=rep1&type=pdf
Abruf: 16.03.2011.

### 3.3.4 „Business Process Maturity Model" (BPMM)

Das von der „Object Management Group" entwickelte „Business Process Maturity Modell" (BPMM) stellt ein Reifegradmodell zur Bewertung des Geschäftsprozessmanagements dar und umfasst fünf Reifegrade[27]:

1. **„Initial"**: Auf dieser untersten Stufe befindet sich jedes Unternehmen, in dem kein Prozessmanagement stattfindet, die Prozesse also weitgehend ungeplant ablaufen.

2. **„Managed"**: Prozesse sind definiert und wiederholbar, Abteilungen managen ihre (Teil-)prozesse isoliert.

3. **„Standardized"**: Es sind unternehmensweite, standardisierte "End-to-end"-Prozesse definiert.

4. **„Predictable"**: Es findet eine quantitative Planung und Überwachung der Prozesse statt, um vorhersagbare Ergebnisse zu erzielen.

5. **„Innovating"**: Die Prozesse werden kontinuierlich weiterentwickelt und verbessert.

*Synonym:" BPM Maturity Model"*

### 3.3.5 „Business Motivation Model" (BMM)

Das „Business Motivation Model" (BMM) wurde von der „Business Rules Group" (BRG) entwickelt und von der „Object Management Group" (OMG) als OMG-Standard übernommen. Es beschreibt ein Metamodell, das der Unternehmensführung Mittel in die Hand gibt, wichtige Informationen in strukturierter Form zu erfassen. Es berücksichtigt nicht nur die strukturierte Beschreibung der strategischen Unternehmensplanungen und -ziele sowie mögliche Wege zu ihrer Umsetzung, sondern auch die sie beeinflussenden Faktoren.[28]

### 3.3.6 „Enterprise Service Bus" (ESB)

Der ESB beschreibt die Basistechnology für die Einführung von Service-orientierten Architekturen, durch welches Systeme in einer lose gekoppelten

---

[27]  http://www.kurze-prozesse.de/2007/11/08/das-business-process-maturity-model-bpmm-der-omg/ Abrufdatum: 17.03.2011

[28]  http://www.datenschutz-praxis.de/lexikon/b/business_motivation_model.html, Abruf am 15.03.2011

Weise über ein Netzwerk miteinander interagieren können. Der ESB kann dabei als zentraler Server, vollständig dezentrale Umsetzung oder föderiertes System existieren.[29]

### 3.3.7 „Process on Demand"

Unter „Process on Demand" versteht man die Möglichkeit, „Services" „on Demand" zu akquirieren, welche benötigt werden, um bereits laufende Prozesse zu ändern oder zu erweitern[30]. Das Verständnis von „Service" weicht hierbei von dem traditionellen Verständnis in der IT ab, und aggregiert ebenfalls

- Benutzerschnittstellen

- „Business Rules"

- „Key Performance Indikatoren" und

- Metadaten.

### 3.3.8 „Enterprise as a Service"

„Enterprise as a Service" beschreibt eine Erweiterung des „Everything as a Service" (XaaS) -Modells im „Cloud Computing", um die Ansätze des „BPM as a Service" und „Management Controls as a Service"[31]. Es handelt sich demnach nicht um eine neue Technologie, sondern um einen Begriff für die Kombination verschiedener Ansätze aus der Themenfacette des „Cloud Computing". Konkret wird der Sachverhalt wie folgt abgebildet.

---

[29] Enterprise Service Bus: http://www.imn.htwk-leipzig.de/~weicker/pmwiki/pmwiki.php/Main/EnterpriseServiceBus, Abrufdatum: 17.03.2011
[30] Fingar, P: BPTrends – Process on Demand and Clound Services, http://www.bptrends.com/publicationfiles/SEVEN%2011-02-10-EXT%20Comp-BPM%20on%20Demand-Fingar.pdf, Abrufdatum: 26.03.2011.
[31] Fingar, P.: BPTrends – Enterprise as a Service (EaaS) – That's where BPM comes in, http://www.bptrends.com/publicationfiles/EIGHT%2004-10-COL-EXT%20COMPETITION-Enterprise%20as%20Svc-Fingar-final1.pdf, Abrufdatum: 26.03.2011

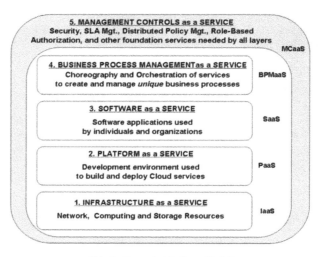

*Abb. 2: „Expanded Delivery Model"*

### 3.3.9 „Process Hosting"

„Process Hosting" unterstützt das BPM von der fachlichen Konzeption bis zur technischen Umsetzung. Der Fokus liegt auf der technischen Umsetzung und dem Betrieb einzelner Prozesse durch einen spezialisierten IT-Dienstleister – dem „Process-Hosting"-Anbieter. Bisher waren die Kosten für eine solche Unterstützung immer sehr hoch und kleinere Unternehmen scheuten den hohen Aufwand und das Risiko. Dies wird nun durch „Process Hosting" vermindert und der Ablauf vereinfacht.[32]

---

32

http://www.wirtschaftsinformatik.de/index.php;do=show/site=wi/alloc=12/id=2559/sid=5a456 dcec93b8d759985f918d6a5859d, Abrufdatum 30.3.2011

# 4 Technologie-Radar

## 4.1 BPM-Technologie-Radar 2010

### 4.1.1 Ursprungsradar

Aus Gründen der Vollständigkeit und der Vergleichbarkeit der Analyseergebnisse haben sich die Autoren dazu entschlossen auch das BPM-Technologie-Radar 2010 in die vorliegende Arbeit zu integrieren.

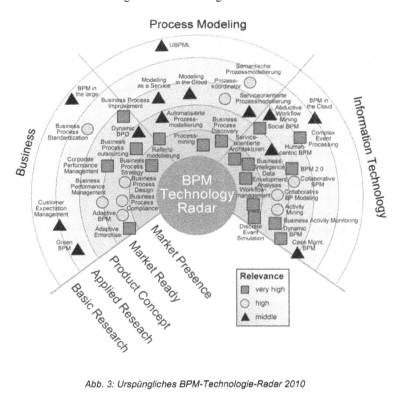

*Abb. 3: Urspüngliches BPM-Technologie-Radar 2010*

Aus diesem Ursprungsradar 2010 konnte gefolgert werden, dass diejenigen Technologien mit einer sehr hohen Relevanz eher in der Mitte des Radars angesiedelt waren, während diejenigen Technologien mit mittelmäßiger bis hoher Relevanz, verhältnismäßig, eher außen angeordnet waren. Konkret bedeutet das, dass in den meisten Fällen eine sehr hohe Relevanz, ebenfalls eine gewisse Marktpräsenz impliziert. Eines der Ziele der vorliegenden Arbeit lag damit in der Belegung, oder Widerlegung dieses Sachverhalts.

### 4.1.2 Überarbeitetes Ursprungsradar

Aus gegebenem Anlass, auf welchen im Folgenden eingegangen wird, wurde das Ursprungsradar 2010 überarbeitet und wie folgt visualisiert.

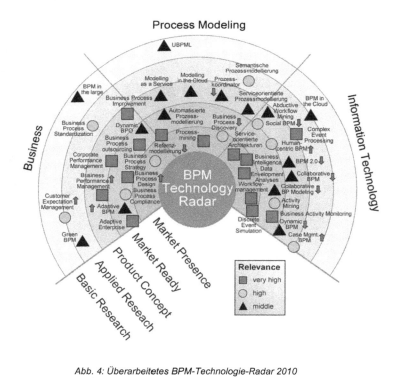

*Abb. 4: Überarbeitetes BPM-Technologie-Radar 2010*

Im Rahmen der vorliegenden Arbeit führten zwei Sachverhalte zu der Überarbeitung des Ursprungsradars. Zunächst wurde das Verfahren zur Bestimmung der Relevanzen angepasst. Während bei der Ursprungsanalyse, der Suchmaschine Google, eine besonders hohe Bedeutung zugemessen wurde, welche in Teilen, zu einer Erhöhung einer mittleren Relevanz, zu einer sehr hohen Relevanz führen konnte, wurde in der aktuellen Analyse ein Verfahren erarbeitet, welches einerseits automatisierbar ist und andererseits durch, im Vorfeld bestimmte Schwellenwerte, exaktere Ergebnisse liefert.

Weiterhin sind bei der Durchsicht der ursprünglichen Analysetabelle Unstimmigkeiten in den Suchtreffen identifiziert worden, was auf Fehler während der Suchphase zurückzuführen war. In einigen Fällen wurde demnach nicht exakt nach dem erarbeiteten Such-Design gearbeitet, was zu einer Bestimmung von fehlerhaften Relevanzen führte.

Um diese Fehler zu beseitigen wurde der ursprüngliche Suchprozess wiederholt, und dabei, während der Suche, eine Zeitgrenze bis zum damaligen Radar-Erstellungszeitpunkt gesetzt.

Um weiterhin die Vergleichbarkeit der ursprünglichen mit den aktuellen Ergebnissen zu gewährleisten wurde ebenfalls der aktuelle Algorithmus zur Bestimmung der Relevanzen auf die Daten des überarbeiteten Radars angewendet, was wiederum zu geringfügigen Änderungen der Ergebnisse führte. Die exakten Werte können der Analysetabelle in Kapitel 4.1.4 entnommen werden.

Die resultierten Änderungen wurden im überarbeiteten BPM-Technologie-Radar 2010 mit einem nach oben gerichteten Pfeil (Erhöhung der Relevanz) bzw. mit einem nach unten gerichteten Pfeil (Senkung der Relevanz) dargestellt. An der Zuordnung der Marktpräsenz waren dadurch keine Änderungen notwendig.

Ferner kann festgehalten werden, dass ebenfalls die Folgerungen, im Hinblick auf den Zusammenhang von Relevanz und Marktpräsenz, aufrecht erhalten bleiben kann.

### 4.1.3 Differenzradar

Ein überaus interessanter Aspekt der vorliegenden Arbeit stellt das nachfolgende Differenzradar dar. Hierbei wurde der gesamte Suchprozess des BPM-Technologie-Radars 2010 mit den identischen Technologien wiederholt und die ursprüngliche Analysetabelle um die aktuellen Werte ergänzt. Durch dieses Vorgehen war es möglich die Entwicklung, der damals identifizierten Technologien, innerhalb eines halben Jahres, nachzuvollziehen und zu visualisieren.

Die exakten Zahlenwerte können wiederum der Analysetabelle in Kapitel 4.1.4 entnommen werden.

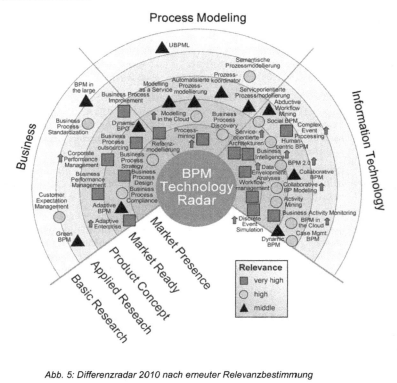

*Abb. 5: Differenzradar 2010 nach erneuter Relevanzbestimmung*

In diesem Differenzradar wurden diejenigen Technologien mit einem roten Pfeil gekennzeichnet, bei denen sich, seit der letzten Messung, die Relevanz geändert hat. Es ist hierbei besonders auffällig, dass der Bereich um kollektives (soziales) Geschäftsprozessmanagement, sowie „Cloud-Computing" signifikant an Relevanz hinzugewonnen hat.

Weiterhin wurden solche Technologien mit einem grünen Pfeil gekennzeichnet, die zwar keine Änderung der Relevanz erfahren haben, jedoch signifikant mehr Suchtreffer haben, als bei der letzten Messung. Dieser Fall tritt bei Technologien auf, denen bereits im Ursprungsradar, die Relevanz „very high" zugeordnet war.

In diesem Bereich ist ein besonderer Schwerpunkt in den IT-getriebenen Technologien zu beobachten. Besonders sei hierbei auf den Bereich der Datenanalyse (beispielsweise „Business Intelligence", „Data Envelopment Analysis", „Process Mining") und der Ereignisverarbeitung (beispielsweise „Complex Event Processing", „Complex Event Simulation") hingewiesen, welche entsprechend der Analysetabelle teilweise Zuwachsraten von weit über 100% der ursprünglich Suchtreffer erreicht haben.

Im gegenteiligen Fall, welcher ausschließlich der Analysetabelle, nicht jedoch dem Differenzradar entnommen werden kann, existieren auch Technologien, wie beispielsweise „Case Management BPM", „Dynamic BPO" oder „Green BPM", bei denen die Entwicklung sillzustehen scheint.

### 4.1.4  Analysetabelle

| Begriff | Katego-rie | Ebsco | | | | ISI - Web of Knowledge | | | | Google Scholar | | | Springerlink | | | Literatur ge-samt | | |
|---|---|---|---|---|---|---|---|---|---|---|---|---|---|---|---|---|---|---|
| | | E2010F | E2010 | E2011 | EDiff | I2010F | I2010 | I2011 | IDiff | Gs2010 | Gs2011 | GsDiff | S2010 | S2011 | SDiff | LG2010 | LG2011 | LGDiff |
| Abductive Workflow Mining | Techno-logy | 1 | 1 | 1 | 0 | 0 | 0 | 0 | 0 | 4 | 7 | 3 | 2 | 2 | 0 | 7 | 10 | 3 |
| Activity Mining | Techno-logy | 13 | 13 | 15 | 2 | 11 | 11 | 13 | 2 | 687 | 748 | 61 | 27 | 42 | 15 | 738 | 818 | 80 |
| Adaptive BPM | Business | 0 | 0 | 0 | 0 | 62 | 1 | 1 | 0 | 13 | 17 | 4 | 1 | 1 | 0 | 15 | 19 | 4 |
| Adaptive Enterprise | Business | 44 | 44 | 16 7 | 123 | 186 | 10 | 12 | 2 | 153 0 | 175 0 | 220 | 123 | 157 | 34 | 170 7 | 208 6 | 379 |
| Automatisier-te Prozess-modellierung | Mode-ling | 12 | 0 | 0 | 0 | 0 | 0 | 0 | 0 | 0 | 0 | 0 | 0 | 0 | 0 | 0 | 0 | 0 |
| BPM 2.0 | Techno-logy | 9 | 3 | 3 | 0 | 2 | 2 | 2 | 0 | 77 | 91 | 14 | 2 | 5 | 3 | 84 | 101 | 17 |
| BPM in the Cloud | Techno-logy | 0 | 0 | 0 | 0 | 0 | 0 | 0 | 0 | 4 | 7 | 3 | 0 | 1 | 1 | 4 | 8 | 4 |
| BPM in the large | Business | 2 | 2 | 2 | 0 | 0 | 0 | 2 | 2 | 2 | 5 | 3 | 0 | 1 | 1 | 4 | 10 | 6 |

| Item | Cat | | | | | | | | | | | | | | | | |
|---|---|---|---|---|---|---|---|---|---|---|---|---|---|---|---|---|---|
| Business Activity Monitoring | Techno-logy | 14 | 14 | 14 | | | | | | 154 | 198 | | | | | 185 | 236 |
| | | 3 | 3 | 3 | 0 | 9 | 9 | 9 | 0 | 0 | 0 | 440 | 158 | 235 | 77 | 0 | 7 |
| Business Intelligence | Techno-logy | 20 | 20 | 21 | | | | | | | | | | | | | |
| | | 88 | 88 | 63 | | | 33 | 39 | | 380 | 464 | 840 | | 299 | | 614 | 714 |
| | | 2 | 2 | 0 | 748 | 991 | 0 | 1 | 61 | 00 | 00 | 0 | 2228 | 8 | 770 | 40 | 19 |
| Business Performance Management | Business | 80 | 80 | 81 | | | | | | 302 | 331 | | | | | 395 | 430 |
| | | 0 | 0 | 1 | 11 | 7 | 7 | 8 | 1 | 0 | 0 | 290 | 129 | 179 | 50 | 6 | 8 |
| Business Process Compliance | Business | 10 | 10 | 13 | 3 | 1 | 1 | 1 | 0 | 204 | 344 | 140 | 33 | 72 | 39 | 248 | 430 |
| Business Process Design | Modeling | 11 | 11 | 12 | | | | | | 383 | 423 | | | | | 434 | 485 |
| | | 7 | 7 | 3 | 6 | 46 | 46 | 47 | 1 | 0 | 0 | 400 | 356 | 458 | 102 | 9 | 8 |
| Business Process Discovery | Modeling | 4 | 4 | 4 | 0 | 203 | 1 | 1 | 0 | 62 | 80 | 18 | 6 | 9 | 3 | 73 | 94 |
| Business Process Improvement | Business | | 30 | 30 | | | | | | 583 | 583 | | | | | 637 | 645 |
| | | 0 | 2 | 5 | 3 | 57 | 57 | 57 | 0 | 0 | 0 | 0 | 184 | 260 | 76 | 3 | 2 |
| Business Process Outsourcing | Business | 20 | 20 | 21 | | | | | | 795 | 875 | | | | | 104 | 114 |
| | | 24 | 24 | 09 | 85 | 61 | 61 | 65 | 4 | 0 | 0 | 800 | 389 | 515 | 126 | 24 | 39 |
| Business Process Standardization | Business | 6 | 6 | 8 | 2 | 1 | 1 | 1 | 0 | 166 | 194 | 28 | 9 | 17 | 8 | 182 | 220 |
| Business Process Strategy | Business | 3 | 3 | 3 | 0 | 0 | 0 | 0 | 0 | 146 | 159 | 13 | 15 | 20 | 5 | 164 | 182 |
| Case Management BPM | Techno-logy | 0 | 0 | 0 | 0 | 38 | 0 | 0 | 0 | 0 | 0 | 0 | 0 | 0 | 0 | 0 | 0 |
| Collaborative BPM | Techno-logy | 0 | 0 | 0 | 0 | 0 | 0 | 0 | 0 | 18 | 32 | 14 | 6 | 6 | 0 | 24 | 38 |
| Collaborative Business Process Modeling | Techno-logy | 4 | 4 | 5 | 1 | 2 | 2 | 2 | 0 | 50 | 64 | 14 | 13 | 20 | 7 | 69 | 91 |
| Complex Event Processing | Techno-logy | | | 19 | | 168 | | | | 162 | 279 | 117 | | | | 184 | 328 |
| | | 27 | 27 | 5 | 168 | 3 | 14 | 15 | 1 | 0 | 0 | 0 | 181 | 289 | 108 | 2 | 9 |
| Corporate Performance Management | Business | | | 27 | | 285 | | | | 134 | 151 | | | | | 147 | 190 |
| | | 29 | 29 | 7 | 248 | 8 | 3 | 4 | 1 | 0 | 0 | 170 | 104 | 118 | 14 | 6 | 9 |
| Customer Expectation Management | Business | 15 | 0 | 0 | 0 | 0 | 0 | 1 | 1 | 98 | 111 | 13 | 3 | 6 | 3 | 101 | 118 |
| Data Envelopment Analy- | Techno-logy | 61 | 61 | 66 | | 329 | 32 | 35 | 25 | 278 | 304 | 260 | | 172 | | 386 | 423 |
| pment | | 23 | 23 | 93 | 570 | 2 | 92 | 49 | 7 | 00 | 00 | 0 | 1474 | 0 | 246 | 89 | 62 |

sis

| | | | | | | | | | | | | | | | | | | |
|---|---|---|---|---|---|---|---|---|---|---|---|---|---|---|---|---|---|---|
| Discrete Event Simulation | Techno-logy | 20 23 | 20 23 | 21 45 | 122 | 177 5 | 17 75 | 18 65 | 90 | 374 00 | 455 00 | 810 0 | 1857 | 222 4 | 367 | 430 55 | 517 34 | 867 9 |
| Dynamic BPM | Techno-logy | 0 | 0 | 0 | 0 | 188 | 0 | 0 | 0 | 35 | 40 | 5 | 1 | 3 | 2 | 36 | 43 | 7 |
| Dynamic BPO | Techno-logy | 0 | 0 | 0 | 0 | 0 | 0 | 0 | 0 | 2 | 2 | 0 | 0 | 0 | 0 | 2 | 2 | 0 |
| Green BPM | Business | 0 | 0 | 0 | 0 | 0 | 0 | 0 | 0 | 9 | 9 | 0 | 1 | 1 | 0 | 10 | 10 | 0 |
| Human Centric BPM | Techno-logy | 0 | 0 | 0 | 0 | 0 | 0 | 1 | 1 | 16 | 20 | 4 | 0 | 3 | 3 | 16 | 24 | 8 |
| Modelling as a Service | Techno-logy | 3 | 3 | 32 | 29 | 0 | 19 | 23 | 4 | 3 | 3 | 0 | 0 | 1 | 1 | 25 | 59 | 34 |
| Modelling in the Cloud | Techno-logy | 8 | 8 | 9 | 1 | 0 | 6 | 10 | 4 | 1 | 1 | 0 | 0 | 1 | 1 | 15 | 21 | 6 |
| Process Mining | Mode-ling | 14 9 | 14 9 | 19 3 | 44 | 3 | 3 | 94 | 91 | 190 0 | 355 0 | 165 0 | 413 | 548 | 135 | 246 5 | 438 5 | 192 0 |
| Prozesskoordinator | Mode-ling | 1 | 1 | 1 | 0 | 123 | 4 | 4 | 0 | 56 | 56 | 0 | 17 | 19 | 2 | 78 | 80 | 2 |
| Referenzmodellierung | Mode-ling | 2 | 2 | 7 | 5 | 24 | 21 | 22 | 1 | 964 | 971 | 7 | 153 | 182 | 29 | 114 0 | 118 2 | 42 |
| Semantische Prozessmodellierung | Mode-ling | 1 | 1 | 1 | 0 | 1 | 1 | 1 | 0 | 554 | 557 | 3 | 1 | 58 | 57 | 557 | 617 | 60 |
| Serviceorientierte Prozessmodellierung | Mode-ling | 0 | 0 | 0 | 0 | 0 | 0 | 0 | 0 | 0 | 0 | 0 | 0 | 0 | 0 | 0 | 0 | 0 |
| SOA | Techno-logy | 89 66 | 89 66 | 11 28 2 | 231 6 | 756 | 39 35 | 40 96 | 16 1 | 271 000 | 375 000 | 104 000 | 5780 | 877 4 | 299 4 | 289 681 | 399 152 | 109 471 |
| Social BPM | Techno-logy | 0 | 0 | 0 | 0 | 0 | 0 | 0 | 0 | 1 | 11 | 10 | 0 | 0 | 0 | 1 | 11 | 10 |
| UBPML | Mode-ling | 0 | 0 | 0 | 0 | 0 | 0 | 0 | 0 | 0 | 3 | 3 | 0 | 0 | 0 | 0 | 3 | 3 |
| Workflowmanagement | Techno-logy | 11 | 21 03 | 21 30 | 27 | 45 | 98 4 | 10 04 | 20 | 159 00 | 166 00 | 700 | 4 | 185 | 181 | 189 91 | 199 19 | 928 |

Tabelle 1: Analysetabelle Differenzradar Literatur

| Begriff | Google | | | Gesamt | | | | | |
|---|---|---|---|---|---|---|---|---|---|
| | G2010 | G2011 | GDiff | Ges2010 | Ges2011 | GesDiff | Relevanz 2010 Falsch | Relevanz 2010 Richtig | Relevanz |
| Abductive Workflow Mining | 153 | 667 | 514 | 160 | 677 | 517 | Mittel | Mittel | Mitt |
| Activity Mining | 314 | 22900 | 22586 | 1052 | 23718 | 22666 | Hoch | Hoch | Hoc |
| Adaptive BPM | 7000 | 8340 | 1340 | 7015 | 8359 | 1344 | Hoch | Mittel | Mitt |
| Adaptive Enterprise | 37500 | 182000 | 144500 | 39207 | 184086 | 144879 | Sehr hoch | Sehr hoch | Sehr hoc |
| Automatisierte Pro- zessmodellierung | 4 | 9 | 5 | 4 | 9 | 5 | Mittel | Mittel | Mitt |
| BPM 2.0 | 18200 | 16600 | -1600 | 18284 | 16701 | -1583 | Sehr hoch | Mittel | Hoc |
| BPM in the Cloud | 19700 | 72500 | 52800 | 19704 | 72508 | 52804 | Mittel | Mittel | Hoc |
| BPM in the large | 7 | 25700 | 25693 | 11 | 25710 | 25699 | Mittel | Mittel | Mitt |
| Business Activity Monitoring | 142000 | 223000 | 81000 | 143850 | 225367 | 81517 | Sehr hoch | Sehr hoch | Sehr hoc |
| Business Intelligence | 12800000 | 29700000 | 16900000 | 12861440 | 29771419 | 16909979 | Sehr hoch | Sehr hoch | Sehr hoc |
| Business Performance Management | 7000 | 469000 | 462000 | 10956 | 473308 | 462352 | Hoch | Sehr hoch | Sehr hoc |
| Business Process Compliance | 1080 | 399000 | 397920 | 1328 | 399430 | 398102 | Hoch | Hoch | Hoc |
| Business Process De- sign | 1790 | 286000 | 284210 | 6139 | 290858 | 284719 | Hoch | Sehr hoch | Sehr hoc |
| Business Process Dis- covery | 84600 | 359000 | 274400 | 84673 | 359094 | 274421 | Sehr hoch | Hoch | Hoc |
| Business Process Im- provement | 422000 | 1670000 | 1248000 | 428373 | 1676452 | 1248079 | Sehr hoch | Sehr hoch | Sehr hoc |
| Business Process Out- sourcing | 1310000 | 4020000 | 2710000 | 1320424 | 4031439 | 2711015 | Sehr hoch | Sehr hoch | Sehr hoc |
| Business Process Standardization | 474 | 483000 | 482526 | 656 | 483220 | 482564 | Hoch | Hoch | Hoc |
| Business Process Strategy | 104000 | 423000 | 319000 | 104164 | 423182 | 319018 | Sehr hoch | Hoch | Hoc |
| Case Management BPM | 66700 | 554000 | 487300 | 66700 | 554000 | 487300 | Mittel | Hoch | Hoc |
| Collaborative BPM | 4210 | 3250 | -960 | 4234 | 3288 | -946 | Hoch | Mittel | Mitt |
| Collaborative Busi- ness Process Mode- ling | 32200 | 465000 | 432800 | 32269 | 465091 | 432822 | Hoch | Mittel | Hoc |

| | | | | | | | | |
|---|---|---|---|---|---|---|---|---|
| Complex Event Processing | 4740000 | 272000 | -4468000 | 4741842 | 275289 | -4466553 | Sehr hoch | Sehr hoch | Sehr hoch |
| Corporate Performance Management | 202000 | 353000 | 151000 | 203476 | 354909 | 151433 | Sehr hoch | Sehr hoch | Sehr hoch |
| Customer Expectation Management | 2840 | 21500 | 18660 | 2941 | 21618 | 18677 | Mittel | Hoch | Hoch |
| Data Envelopment Analysis | 214000 | 456000 | 242000 | 252689 | 498362 | 245673 | Sehr hoch | Sehr hoch | Sehr hoch |
| Discrete Event Simulation | 2920 | 344000 | 341080 | 45975 | 395734 | 349759 | Sehr hoch | Sehr hoch | Sehr hoch |
| Dynamic BPM | 24500 | 29400 | 4900 | 24536 | 29443 | 4907 | Sehr hoch | Mittel | Mittel |
| Dynamic BPO | 5040 | 7060 | 2020 | 5042 | 7062 | 2020 | Mittel | Mittel | Mittel |
| Green BPM | 2010 | 4450 | 2440 | 2020 | 4460 | 2440 | Mittel | Mittel | Mittel |
| Human Centric BPM | 403000 | 111000 | -292000 | 403016 | 111024 | -291992 | Mittel | Hoch | Hoch |
| Modelling as a Service | 6 | 18300 | 18294 | 31 | 18359 | 18328 | Mittel | Mittel | Mittel |
| Modelling in the Cloud | 16400 | 54700 | 38300 | 16415 | 54721 | 38306 | Mittel | Mittel | Hoch |
| Process Mining | 47600 | 137000 | 89400 | 50065 | 141385 | 91320 | Sehr hoch | Sehr hoch | Sehr hoch |
| Prozesskoordinator | 14600 | 3250 | -11350 | 14678 | 3330 | -11348 | Hoch | Mittel | Mittel |
| Referenzmodellierung | 27300 | 117000 | 89700 | 28440 | 118182 | 89742 | Sehr hoch | Sehr hoch | Sehr hoch |
| Semantische Prozessmodellierung | 3660 | 2500 | -1160 | 4217 | 3117 | -1100 | Hoch | Hoch | Hoch |
| Serviceorientierte Prozessmodellierung | 48 | 54 | 6 | 48 | 54 | 6 | Mittel | Mittel | Mittel |
| SOA | 53400000 | 46000000 | -7400000 | 53689681 | 46399152 | -7290529 | Sehr hoch | Sehr hoch | Sehr hoch |
| Social BPM | 53100 | 55300 | 2200 | 53101 | 55311 | 2210 | Sehr hoch | Hoch | Hoch |
| UBPML | 380 | 930 | 550 | 380 | 933 | 553 | Mittel | Mittel | Mittel |
| Workflowmanagement | 708000 | 389000 | -319000 | 726991 | 408919 | -318072 | Sehr hoch | Sehr hoch | Sehr hoch |

Tabelle 2: Analysetabelle Differenzradar Google

## 4.2 BPM-Technologie-Radar 2011

### 4.2.1 Radar der neu identifizierten Technologien

Wie in Kapitel 2 erläutert, wurden für das aktuelle BPM-Technologie-Radar 2011 weitere Technologien identifiziert und analysiert. Dazu wurden 5 einschlägige Quellen nach Schlagwörtern durchsucht und in einer aktuellen Analysetabelle (siehe Kapitel 4.2.3) abgetragen. Entsprechend des Auswertungskonzepts, wurden die 26 identifizierten Technologien, ebenso, wie beim überarbeiteten BPM-Technologie-Radar 2010, anhand von Suchtreffern analysiert und in einem neuen Radar visualisiert.

In einem ersten Schritt wurde zur Abgrenzung der neu identifizierten Technologien, von den bereits abgehandelten Technologien, ein eigenes Radar erstellt, welches sich wie folgt darstellt.

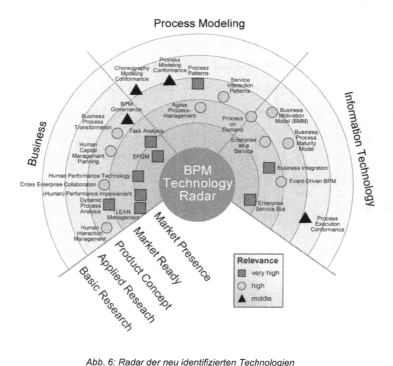

*Abb. 6: Radar der neu identifizierten Technologien*

Auch dieses Radar der neu identifizieren Technologien zeigt, dass es einen Zusammenhang zwischen der Relevanz und der Markpräsenz zu geben scheint. Während Technologien mit einer sehr hohen Relevanz eher in der Radarmitte angesiedelt sind, bewegen sich die Technologien mit niedriger Relevanz weiter nach außen. Diese Tatsache bekräftigt die Vermutung, wie sie bereits im Ursprungsradar, ebenso wie in den Kapiteln 4.1.1 und 4.1.2 vermutet wurde.

Beim aktuellen Vorgehen wurde bewusst darauf geachtet, den Identifikationsprozess auf praxisnahe Quellen auszurichten, während im letzten Radar der Fokus auf wissenschaftlichen Quellen, wie BPM-Konferenzen und Workshops lag.

Auch in dieser Iteration wurden Technologien aus allen gewählten Kategorien („Business", „Modeling", „Information Technology") gefunden, wobei der Bereich „Business" leicht überwiegt, während bei der letzten Messung der Bereich „Information Technology" leicht überwog. Insgesamt ist jedoch festzuhalten, dass in dieser Management-Disziplin um BPM, Forschung und Praxis sehr eng beieinander liegen.

### 4.2.2 Analysetabelle

| Schlagwort | Suchtreffer | | | | | | | Relevanz (siehe unten) |
| | Literaturdatenbanken | | | | | Sonstige | | |
| | Ebsco | ISI - Web of Knowledge | Google Scholar | Springerlink | Literatur Gesamt | Google | Gesamt | |
|---|---|---|---|---|---|---|---|---|
| Agiles Prozessmanagement (Scrumeinsatz) | 0 | 0 | 1 | 0 | 1 | 588 | 590 | Mittel |
| BPM Governance | 0 | 0 | 79 | 5 | 84 | 21100 | 21268 | Mittel |
| Business Integration | 952 | 93 | 10700 | 665 | 12410 | 1190000 | 1214820 | Sehr hoch |
| Business Motivation Model (BMM) | 3 | 0 | 302 | 54 | 359 | 123000 | 123718 | Hoch |
| Business Process Maturity Model (BPMM) | 4 | 1 | 154 | 19 | 178 | 120000 | 120356 | Hoch |

| | | | | | | | | |
|---|---|---|---|---|---|---|---|---|
| Business Process Transformation | 23 | 3 | 622 | 36 | **684** | 84500 | **85868** | Hoch |
| Choreography Modeling Conformance | 2 | 0 | 0 | 0 | **2** | 98 | **102** | Mittel |
| Cross Enterprise Collaboration (CEC) | 5 | 2 | 349 | 31 | **387** | 45100 | **45874** | Hoch |
| EFQM | 548 | 180 | 16600 | 916 | **18244** | 2180000 | **2216488** | Sehr hoch |
| Enterprise as a Service (EaaS) | 254 | 37 | 39 | 1 | **331** | 159000 | **159662** | Hoch |
| Enterprise Service Bus (ESB) | 263 | 23 | 5340 | 498 | **6124** | 1040000 | **1052248** | Sehr hoch |
| Event-Driven BPM | 0 | 0 | 15 | 5 | **20** | 12100 | **12140** | Mittel |
| HIMS Human Interaction Management System | 0 | 0 | 4 | 1 | **5** | 63900 | **63910** | Hoch |
| Human Capital Management Planning | 0 | 0 | 16 | 0 | **16** | 221000 | **221032** | Hoch |
| Human Performance Improvement | 78 | 6 | 908 | 23 | **1015** | 140000 | **142030** | Sehr hoch |
| Human Performance Technology | 297 | 17 | 2620 | 73 | **3007** | 52900 | **58914** | Sehr hoch |
| Lean Management | 487 | 74 | 8630 | 815 | **10006** | 756000 | **776012** | Sehr hoch |
| Performance Improvement | 14129 | 6434 | 47800 | 0 | 10164 | **508727** | 5090000 | 6107454 | Sehr hoch |
| Process Execution Conformance | 2 | 0 | 12 | 2 | **16** | 1750 | **1782** | Mittel |
| Process Hosting | | | 223 | 222 | **445** | 102000 | **102890** | Hoch |
| Process Modeling Conformance | 1 | 0 | 2 | 11 | **14** | 1860 | **1888** | Mittel |
| Process on Demand | 125 | 56 | 467 | 32 | **680** | 32900 | **34260** | Hoch |
| Process patterns | 170 | 75 | 6380 | 409 | **7034** | 136000 | **150068** | Sehr hoch |
| Service Interaction Patterns | 11 | 6 | 419 | 117 | **553** | 5310 | **6416** | Hoch |
| Subjektorientiertes BPM | | | 1 | 0 | **1** | 128 | **130** | Mittel |
| Task Analysis | 15681 | 1286 | 61800 | 2292 | **81059** | 739000 | **901118** | Sehr hoch |
| Web Service Choreography Description Language (WS-CDL) | 4 | 3 | 371 | 75 | **453** | 21300 | **22206** | Hoch |

*Tabelle 3: Neu identifizierte Technologien*

### 4.2.3 Aggregiertes Radar

Als Gesamtresultat wurde schließlich das BPM-Technologie-Radar 2011 erstellt, welches sowohl die in 2010 als auch die in 2011 identifizieren Technologien aggregiert darstellt.

Auch dieses Radar zeigt, dass sich die im Vorfeld gewählte Kategorisierung in „Business", „Process Modeling" und „Information Technology" bewährt hat und für weitere Arbeiten herangezogen werden kann.

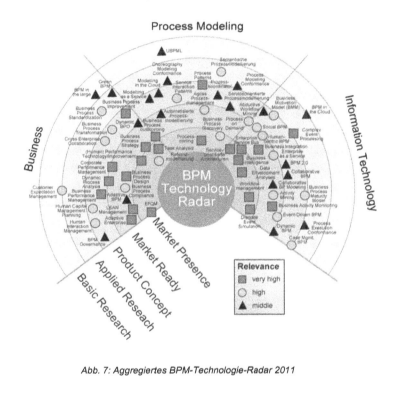

*Abb. 7: Aggregiertes BPM-Technologie-Radar 2011*

### 4.2.4 Analysetabelle

| Schlagwort | Kategorie | Radar | Ebsco | ISI - Web of Knowledge | Google Scholar | Springerlink | Literatur Gesamt | Google | Gesamt |
|---|---|---|---|---|---|---|---|---|---|
| EFQM | Business | 2011 | 548 | 180 | 16600 | 916 | **18244** | 2180000 | **2198244** |
| Business Integration | Technology | 2011 | 952 | 93 | 10700 | 665 | **12410** | 1190000 | **1202410** |
| Process patterns | Modeling | 2011 | 170 | 75 | 6380 | 409 | **7034** | 136000 | **143034** |
| Human Performance Technology | Business | 2011 | 297 | 17 | 2620 | 73 | **3007** | 52900 | **55907** |
| Human Performance Improvement | Business | 2011 | 78 | 6 | 908 | 23 | **1015** | 140000 | **141015** |
| Human Capital Management Planning | Business | 2011 | 0 | 0 | 16 | 0 | **16** | 221000 | **221016** |
| Web Service Choreography Description Language (WS-CDL) | Technology | 2011 | 4 | 3 128 | 371 | 75 | **453** | 21300 | **21753** |
| Task Analysis | Business | 2011 | 15681 | 6 | 61800 | 2292 | **81059** | 739000 | **820059** |
| Lean Management | Business | 2011 | 487 | 74 | 8630 | 815 | **10006** | 756000 | **766006** |
| Enterprise Service Bus (ESB) | Technology | 2011 | 263 | 23 | 5340 | 498 | **6124** | 1040000 | **1046124** |
| BPM Governance | Business | 2011 | 0 | 0 | 79 | 5 | **84** | 21100 | **21184** |
| Service Interaction Patterns | Modeling | 2011 | 11 | 6 | 419 | 117 | **553** | 5310 | **5863** |
| Business Process Maturity Model (BPMM) | Technology | 2011 | 4 | 1 | 154 | 19 | **178** | 120000 | **120178** |
| Business Motivation Model (BMM) | Technology | 2011 | 3 | 0 | 302 | 54 | **359** | 123000 | **123359** |
| Process Modeling Conformance | Modeling | 2011 | 1 | 0 | 2 | 11 | **14** | 1860 | **1874** |
| Process Execution Conformance | Technology | 2011 | 2 | 0 | 12 | 2 | **16** | 1750 | **1766** |
| Choreography Modeling Conformance | Modeling | 2011 | 2 | 0 | 0 | 0 | **2** | 98 | **100** |
| HIMS Human Interaction Management System | Business | 2011 | 0 | 0 | 4 | 1 | **5** | 63900 | **63905** |
| Agiles Prozessmanagement (Scrumeinsatz) | Modeling | 2011 | 0 | 0 | 1 | 0 | **1** | 588 | **589** |
| Cross Enterprise Collaboration (CEC) | Business | 2011 | 5 | 2 | 349 | 31 | **387** | 45100 | **45487** |

| | | | | | | | | | |
|---|---|---|---|---|---|---|---|---|---|
| vent-Driven BPM | Technology | 2011 | 0 | 0 | 15 | 5 | 20 | 12100 | 12120 |
| erformance Improvement | Business | 2011 | 14129 | 6434 | 478000 | 10164 | 508727 | 5090000 | 5598727 |
| rocess on Demand | Technology | 2011 | 125 | 56 | 467 | 32 | 680 | 32900 | 33580 |
| usiness Process Transformati-n | Business | 2011 | 23 | 3 | 622 | 36 | 684 | 84500 | 85184 |
| nterprise as a Service (EaaS) | Technology | 2011 | 254 | 37 | 39 | 1 | 331 | 159000 | 159331 |
| bductive Workflow Mining | Technology | 2010 | 1 | 0 | 7 | 2 | 10 | 667 | 677 |
| ctivity Mining | Technology | 2010 | 15 | 13 | 748 | 42 | 818 | 22900 | 23718 |
| daptive BPM | Business | 2010 | 0 | 1 | 17 | 1 | 19 | 8340 | 8359 |
| daptive Enterprise | Business | 2010 | 167 | 12 | 1750 | 157 | 2086 | 182000 | 184086 |
| utomatisierte Prozessmodel-erung | Modeling | 2010 | 0 | 0 | 0 | 0 | 0 | 9 | 9 |
| PM 2.0 | Technology | 2010 | 3 | 2 | 91 | 5 | 101 | 16600 | 16701 |
| PM in the Cloud | Technology | 2010 | 0 | 0 | 7 | 1 | 8 | 72500 | 72508 |
| PM in the large | Business | 2010 | 2 | 2 | 5 | 1 | 10 | 25700 | 25710 |
| usiness Activity Monitoring | Technology | 2010 | 143 | 9 | 1980 | 235 | 2367 | 223000 | 225367 |
| usiness Intelligence | Technology | 2010 | 21630 | 391 | 46400 | 2998 | 71419 | 29700000 | 29771419 |
| usiness Performance Ma-agement | Business | 2010 | 811 | 8 | 3310 | 179 | 4308 | 469000 | 473308 |
| usiness Process Compliance | Business | 2010 | 13 | 1 | 344 | 72 | 430 | 399000 | 399430 |
| usiness Process Design | Modeling | 2010 | 123 | 47 | 4230 | 458 | 4858 | 286000 | 290858 |
| usiness Process Discovery | Modeling | 2010 | 4 | 1 | 80 | 9 | 94 | 359000 | 359094 |
| usiness Process Improvement | Business | 2010 | 305 | 57 | 5830 | 260 | 6452 | 1670000 | 1676452 |
| usiness Process Outsourcing | Business | 2010 | 2109 | 65 | 8750 | 515 | 11439 | 4020000 | 4031439 |
| usiness Process Standardiza-on | Business | 2010 | 8 | 1 | 194 | 17 | 220 | 483000 | 483220 |
| usiness Process Strategy | Business | 2010 | 3 | 0 | 159 | 20 | 182 | 423000 | 423182 |
| ase Management BPM | Technology | 2010 | 0 | 0 | 0 | 0 | 0 | 554000 | 554000 |
| ollaborative BPM | Technology | 2010 | 0 | 0 | 32 | 6 | 38 | 3250 | 3288 |
| ollaborative Business Process Modeling | Technology | 2010 | 5 | 2 | 64 | 20 | 91 | 465000 | 465091 |
| omplex Event Processing | Technology | 2010 | 195 | 15 | 2790 | 289 | 3289 | 272000 | 275289 |
| orporate Performance Ma-agement | Business | 2010 | 277 | 4 | 1510 | 118 | 1909 | 353000 | 354909 |
| ustomer Expectation Ma-agement | Business | 2010 | 0 | 1 | 111 | 6 | 118 | 21500 | 21618 |
| ata Envelopment Analysis | Technology | 2010 | 6693 | 3549 | 30400 | 1720 | 42362 | 456000 | 498362 |
| iscrete Event Simulation | Technology | 2010 | 2145 | 1865 | 45500 | 2224 | 51734 | 344000 | 395734 |
| ynamic BPM | Technology | 2010 | 0 | 0 | 40 | 3 | 43 | 29400 | 29443 |
| ynamic BPO | Technology | 2010 | 0 | 0 | 2 | 0 | 2 | 7060 | 7062 |

| Green BPM | Business | 2010 | 0 | 0 | 9 | 1 | **10** | 4450 | **4460** |
|---|---|---|---|---|---|---|---|---|---|
| Human Centric BPM | Technology | 2010 | 0 | 1 | 20 | 3 | **24** | 111000 | **111024** |
| Modelling as a Service | Technology | 2010 | 32 | 23 | 3 | 1 | **59** | 18300 | **18359** |
| Modelling in the Cloud | Technology | 2010 | 9 | 10 | 1 | 1 | **21** | 54700 | **54721** |
| Process Mining | Modeling | 2010 | 193 | 94 | 3550 | 548 | **4385** | 137000 | **141385** |
| Prozesskoordinator | Modeling | 2010 | 1 | 4 | 56 | 19 | **80** | 3250 | **3330** |
| Referenzmodellierung | Modeling | 2010 | 7 | 22 | 971 | 182 | **1182** | 117000 | **118182** |
| Semantische Prozessmodellierung | Modeling | 2010 | 1 | 1 | 557 | 58 | **617** | 2500 | **3117** |
| Serviceorientierte Prozessmodellierung | Modeling | 2010 | 0 | 0 | 0 | 0 | **0** | 54 | **54** |
| SOA | Technology | 2010 | 11282 | 4096 | 375000 | 8774 | **399152** | 46000000 | **46399152** |
| Social BPM | Technology | 2010 | 0 | 0 | 11 | 0 | **11** | 55300 | **55311** |
| UBPML | Modeling | 2010 | 0 | 0 | 3 | 0 | **3** | 930 | **933** |
| Workflowmanagement | Technology | 2010 | 2130 | 1004 | 16600 | 185 | **19919** | 389000 | **408919** |

*Tabelle 4: Technologien gesamt*

# 5  Fazit

Nach der erneuten Bearbeitung des vorliegenden BPM-Technologie-Radars lassen sich mehrere Punkte festhalten:

1.  Das bisherige Verfahren zur Bestimmung der Relevanzen wurde erweitert, sodass diese nun exakt und automatisiert bestimmt werden können.

2.  Während bei der letzten Arbeit der Fokus bei der Identifikation von Technologien eher auf wissenschaftliche Quellen, wie BPM-Konferenzen und Workshops gelegt wurde, wurden bei der aktuellen Arbeit auch praxisnahe Quellen herangezogen und durchsucht, wobei beobachtet werden konnte, dass Wissenschaft und Praxis in dieser Disziplin eng beieinander liegen.

3.  Die Technologien des BPM-Technologie-Radars 2010 wurden erneut aufgegriffen und analysiert, sodass Rückschlüsse auf die Entwicklung innerhalb eines halben Jahres möglich waren. Dabei wurde festgehalten, dass einige Technologien in den Fokus aktueller Anstrengungen rückten, während der Fortschritt in anderen Bereich nahezu zum Erliegen gekommen ist.

4.  Es wurden 27, bisher nicht betrachtete, Technologien aus dem BPM-Umfeld identifiziert und analysiert, wobei eine gute Verteilung auf die Kategorien „Business", „Process Modeling" und „Information Technology" möglich war. Der Bereich „Business" hat dabei leicht überwogen. Die Kategorisierung hat sich demnach auch in der aktuellen Arbeit bewährt.

5.  Es wurden sowohl die in 2010 als auch die in 2011 identifizieren Technologien in einem BPM-Technologie-Radar 2011 zusammengefasst, wobei ein Zusammenhang zwischen Relevanz und Marktreife, wie in der letzten Arbeit vermutet, belegt werden konnte.

Insgesamt lässt sich festhalten, dass es sich beim Werkzeug des Technologie-Radars um eine praktikable Möglichkeit handelt, um den Fortschritt in unterschiedlichen Disziplinen zu verfolgen. Es lässt sich dadurch leicht feststellen, welche Themen intensiv betrachtet werden und bei welchen ggf. weiterer Forschungs- und Entwicklungsbedarf besteht, oder sogar eine Sättigung stattgefunden hat.

# Literaturverzeichnis

8th International Conference on Business Process Management 2010: Cross-Enterprise Collaboration, People & Work: http://www.bpm2010.org/conference-program/workshops/cecpaw10/

Agiles Prozessmanagement für IT Unternehmen: http://agilesprozessmanagement.wordpress.com/category/grundlagen/

ARIS Solution Szenarien – Business Process Transformation, http://www.ids-scheer.com/de/ARIS/ARIS_Solutions/Enterprise_BPM/100062.html

Barros, A., Duman, M., ter Hpfstede, A.H.M.: Service Interaction Pattersn: http://www.workflowpatterns.com/documentation/documents/serviceinteraction_BPM05.pdf

Bartkowiak, J.: Governance und Changemanagement: http://soa-know-how.de/index.php?id=2&tx_bccatsandauthors[catid]=230

Behara, G.K.: Human Capital Management Planning, BPTrends November 2005, http://www.bptrends.com/publicationfiles/11-05%20WP%20Human%20Capital%20Mang%20Planning%20-%20Behara.pdf

BPMN: http://blog.bpmn.info/category/bpmn20/?lang_pref=de

BPMN 2010: http://bpt.hpi.uni-potsdam.de/BPMN2010/Program

Bundeszentrale für politische Bildung: Das Lexikon der Wirtschafts, Mannheim 2004

Business Motivation Model: http://www.datenschutz-praxis.de/lexikon/b/business_motivation_model.html

Business Process Model and Notation (BPMN), OMG Dokument, Juni 2010

Das Business Process Maturity Model (BPMM) der OMG: http://www.kurze-prozesse.de/2007/11/08/das-business-process-maturity-model-bpmm-der-omg/

Enterprise Service Bus: http://www.imn.htwk-leipzig.de/~weicker/pmwiki/pmwiki.php/Main/EnterpriseServiceBus

Fingar, P.: BPTrends – Enterprise as a Service (EaaS) – That's where BPM comes in, http://www.bptrends.com/publicationfiles/EIGHT%2004-10-COL-EXT%20COMPETITION-Enterprise%20as%20Svc-Fingar-final1.pdf

Fingar, P.: BPTrends – Process on Demand and Clound Services, http://www.bptrends.com/publicationfiles/SEVEN%2011-02-10-EXT%20Comp-BPM%20on%20Demand-Fingar.pdf

Hochschule Ulm: Agiles Prozess- und Workflowmanagement: http://www.hs-ulm.de/Institut/IBL/Forschung/Projektideen/AgilesProzessmanagement/

Hohmann, K.: Unternehmens Excellence Modelle – Das EFQM-Modell, Diplomica Verlag Hamburg, 2009

Human Interaction Management System: https://www.socialtext.net/wikinomics/human_interaction_management_system_hims

iCore Solutions: Integration and e-business dictionary – Business Integration: http://www.icoresolutions.com/soa-and-b2b-integration/business-benefits/integration-and-e-business-dictionary.aspx

Onlinemarketing-Praxis: Aufgabenanalyse (Task Analysis): http://www.onlinemarketing-praxis.de/glossar/aufgabenanalyse-task-analysis/

Rainer von Ammon et al. – Event-Driven Business Process Management and its Prat-ical Application Taking the Example of DHL. http://citeseerx.ist.psu.edu/viewdoc/download?doi=10.1.1.142.7903&rep=rep1&type=pdf

Rohrbeck, R., Heuer, J., Arnold, H.: The Technology Radar – An Instrument of Technology Intelligence and Innovation Strategy, Präsentationsfolie 5, IEEE-ICMIT Conference, Singapore

Saperion Blog: BPMN 2.0 hat die Konformitätsklassen nochmals geändert: http://www.saperionblog.com/lang/de/bpmn-2-0-hat-die-konformitatsklassen-nochmals-geandert/2091/

Setzer, T., Bichler, M.: Choreographie von Web-Services, In: Enzyklopadie der Wirtschaftsinformatik – Online-Lexikon, Oldenbourg Wissenschaftsverlag, http://www.oldenbourg.de:8080/wi-enzyklopaedie/lexikon/is-management/Systementwicklung/Softwarearchitektur/Middleware/Web-Service-Technologien/Choreographie-von-Web-Services

Tosti, D.: Human Performance Technology, BPTrends – February 2006, http://www.bptrends.com/publicationfiles/02-06%20wp%20hpt%20-%20tosti.pdf

van der Aalst, W.M.P., ter Hofstede, A.H.M, Kiepuszewski, B., Barros, A.P.: Workflow Patterns, http://www.workflowpatterns.com/documentation/documents/wfs-pat-2002.pdf

Wikipedia: EFQM-Modell: http://de.wikipedia.org/wiki/EFQM-Modell

Wikipedia: Human Performance Technology, http://en.wikipedia.org/wiki/Human_performance_technology

Yong Han et al. - Human Interaction Management – Adding Human Factors into Busi-ness Process Management. Helsinky University of Technology Department of Computer Sci-ence and Engineering, Laboratory of Software Business and Engineering. http://citeseerx.ist.psu.edu/viewdoc/download?doi=10.1.1.120.7991&rep=re p1&type=pdf

Zirpins, C., Lamersdorf, W., Baier, T.: Flexible Coordination of Service Inter-action Patterns: http://vsis-www.informatik.uni-hamburg.de/getDoc.php/publications/215/f218-zirpins.pdf